DISCOURS

SUR

L'ARCHITECTURE,

OÙ L'ON FAIT VOIR COMBIEN il feroit important que l'Étude de cet Art fît partie de l'éducation des perfonnes de naiffance ; à la fuite duquel on propofe une maniére de l'enfeigner en peu de temps.

Par M. PATTE, Architecte.

A PARIS,

Chez
{ QUILLAU, Libraire, rue Saint Jacques, aux Armes de l'Univerfité.
PRAULT, Jeune, Libraire, Quay des Auguftins, à la Lyre d'Or.

M. DCC. LIV.

AVEC APPROBATION ET PERMISSION.

22016

AVERTISSEMENT.

LE but du Discours suivant est de faire remarquer l'importance de l'Architecture, à laquelle on n'a peut-être pas fait jusqu'ici toute l'attention qu'elle demande. J'ai pensé que le vrai moyen de faire fleurir cet Art, de la perfection duquel il peut résulter tant d'avantages publics & particuliers, étoit d'en conseiller l'étude aux personnes qui, par leurs places ou leurs richesses, ont plus que tout autre la facilité de faire bâtir. J'ai fait plus ; convaincu que ce qui a coutume de rebuter ceux que leur inclination peut porter à étudier l'Architecture par

A ij

forme d'éducation, est le tems considérable que l'on a toujours cru nécessaire pour s'y former le goût, j'ai cherché à en abreger l'étude, par une maniére de l'enseigner, simple & facile, que je propose à la suite de ce Discours.

J'ai cru faire plaisir au Public, de joindre à la fin de ce petit Ouvrage un abregé de la Vie de M. Boffrand, ce célébre Architecte de nos jours; je l'ai fait d'autant plus volontiers, qu'ayant eu l'honneur d'être un de ses Eléves, j'ai été à portée de sçavoir plusieurs circonstances de sa vie, qu'il eut été difficile d'apprendre d'ailleurs.

DISCOURS

SUR

L'ARCHITECTURE.

'IL eſt vrai que l'on doive cul-
tiver les Arts à proportion des
agrémens & de l'utilité qu'ils
procurent, il faut convenir que
l'Architecture demande, entre tous les
autres, une étude particuliére. C'eſt-elle
en effet qui a élevé des Temples aux

Dieux, des Places fomptucufes, des Obélifques & des Arcs de Triomphe à la mémoire de ceux qui avoient rendu des fervices importans à leur Patrie. C'eft-elle qui a facilité la communication des peuples entre eux en jettant des Ponts fur les Riviéres, & qui a affuré la fortune & la vie des Citoyens, en environnant leurs Villes de remparts & de fortes murailles. C'eft à elle enfin que les hommes font redevables de la folidité & de la commodité de leurs habitations, de la beauté de leurs Palais & d'une infinité de Bâtimens qu'elle a confacrés à l'ornement des pays.

Mais, outre fon utilité particuliére, l'Architecture a encore l'avantage de contribuer à la gloire d'une Nation, & d'en donner une grande idée. Qu'on fe rappelle les beaux jours de la Gréce où les Etrangers accouroient à l'envi raffafier leurs yeux de la vûe de ces magnifiques édifices dont chaque Ville étoit remplie:

quel charme , quel enchantement pense-
t-on que devoit produire dans les ef-
prits cette fuperbe Athènes , dont le nom
fera auffi immortel que le gouvernement
du fameux Péricles qui l'avoit fi fort em-
bellie ! Temples , Palais , Edifices publics & particuliers , tout faifoit l'éloge
du goût de ce peuple de grands hommes :
leurs demeures fembloient aux yeux des
Nations celles d'autant de demi dieux ;
faut-il après cela s'étonner que l'Univers eût une fi grande eftime & même
une fi grande vénération pour des peuples qui s'en étoient rendus dignes à tant
d'égards ? De cette eftime fi générale naif-
foient en eux ces fentimens héroïques &
magnanimes qui fembloient les élever audeffus de la condition humaine. Supérieurs
à tous les peuples du Monde par leurs
lumiéres , peut - être étoient - ils excufa-
bles de les regarder comme barbares.

A leur exemple les anciens Romains
mirent en un fi grand honneur l'Architecture, que tant de loix qu'ils firent pour

A iiij

réprimer le luxe & la profusion, il n'y en eut aucune qui limitât la dépense des Bâtimens; tant cette Nation généreuse avoit à cœur tout ce qui servoit à illustrer la patrie & à laisser à la postérité des marques honorables de son goût. Une des qualités les plus remarquables d'Auguste, fut son zéle pour l'embellissement de la Capitale de l'Univers: il avoit trouvé Rome, ainsi qu'il le disoit lui-même, bâtie de briques, & il la fit construire toute de marbre, persuadé que plus cette Ville seroit magnifique, plus elle annonceroit la majesté de l'Empire dont elle étoit le Siége, & la grandeur du Maître qui l'avoit choisie pour le lieu de sa résidence.

Ce que nous venons de dire montre assez le cas que ces deux Nations (qui connurent le mieux peut-être ce que c'est que la véritable gloire) firent de l'Architecture : elles crurent ne pouvoir s'immortaliser plus sûrement que par la perfection de cet Art, & de beaux édifices leur parurent, s'il est permis de s'expriprimer ainſi, comme autant de témoins en pieds qui dépoſeroient aux yeux de l'avenir en faveur du régne ou du gouvernement qui les avoit fait élever. C'eſt pourquoi l'Architecture fut chez les Anciens dans une eſtime à peine concévable; juſques-là que dans les Livres ſacrés, Dieu, après avoir menacé ſon Peuple de le punir de ſes impiétés en lui retirant ſon eſprit de ſageſſe & en l'abandonnant à ſa folle conduite, ajoute, pour comble de malheurs (a), qu'il alloit même lui ôter ſes Architectes.

Cet Art ne contribue pas ſeulement à donner une grande idée d'une Nation, il fait encore le charme des peuples policés qui le cultivent. Il en eſt de l'Architecture comme de la Muſique : autant celle-ci flate agréablement l'oreille par l'heureux accord des voix & des inſtrumens, autant l'autre charme les yeux par

______

(a) François Blondel s'eſt ſervi de ce même trait à la fin d'un Diſcours qu'il a prononcé à l'Académie Royale d'Architecture en 1671.

l'ordre & l'intelligence qui régne dans toutes ſes parties, & par cette exacte & réguliére proportion qui forme une certaine harmonie muëtte, ſi j'oſe ainſi parler: mais un bel édifice n'eſt point fait ſeulement pour attirer les regards des curieux, il doit encore exciter dans l'ame de vrais connoiſſeurs, je ne ſçai quel raviſſement qui la tranſporte comme hors d'elle-même. Loin de corrompre les mœurs, ainſi que quelques-uns le reprochent aux autres Arts, l'Architecture éléve le courage & inſpire des ſentimens nobles & même religieux. Peut-on voir l'enſemble majeſtueux d'un Temple ſans être ſaiſi d'un ſaint reſpect & diſpoſé au recueillement convenable à la majeſté de Dieu qu'on y vient adorer? Eſt-il un bon Citoyen qui ne ſe ſente enflammé du noble déſir de ſervir la Patrie à la vûe des précieux monumens érigés en l'honneur des grands Perſonnages qui l'ont illuſtrée ou défendue?

Quelque confidérables que foient ces avantages, envain notre Nation efpérera-t-elle fe les procurer, fi les Grands & les Riches qui ont les occafions importantes de faire bâtir, négligent de s'inftruire des principes de l'Architecture : car les Arts ne fe perfectionnent plus ou moins qu'autant que ceux qui les occupent ou qui les protégent font plus ou moins éclairés : l'Architecture a fes principes qui ne font point arbitraires; il faut être inftruit par une longue habitude des régles qu'un ufage raifonnable a confacrées, & dont le bon fens ne peut fuggérer la connoiffance. Ces régles nous ont été tranfmifes par les Grecs & les Romains, de maniére que nos Edifices ne méritent d'eftime qu'autant qu'ils approchent des proportions que ces peuples nous ont laiffées pour modéles, & qui font jufques dans leurs ruines, l'étonnement des plus grands Maîtres.

Des bons principes & de la connoiffances des régles, il réfulteroit néceffairement divers avantages , soit publics soit particuliers. Quel fruit n'en retireroient pas entre autres, les personnes en place ou constituées en dignité ? S'agiroit-il d'élever quelque Edifice public ? ils seroient par eux-mêmes en état de juger sainement des différens projets qu'on leur présenteroit en concours, & de choisir celui qui seroit le plus capable de faire honneur à la Nation ; ce qui contribueroit à l'embellissement des Villes. Au défaut de ces connoissances, ils se trouvent obligés de consulter ceux qu'ils croyent les Maîtres de l'Art ; malheureusement les hommes qui ont la réputation d'être les plus habiles ne le sont pas toujours ; n'importe, ils donnent leurs avis avec confiance, leur ton en impose d'abord ; mais bientôt divisés par la jalousie , l'intérêt & quelquefois même par le manque d'expérience ou de capacité , il arrive nécessairement que ceux qui les ont appellés ne sçavent plus quel parti prendre, & que le hazard décide souvent seul du bon ou du mauvais succès de l'Edifice.

Il seroit à souhaiter que dans une grande Ville telle que Paris, on ne laissât pas décorer l'extérieur d'un bâtiment un peu considérable suivant le goût bisarre d'un Maître ou l'ignorance d'un Architecte, & qu'on autorisât un petit nombre de personnes, reconnuës pour gens de mérite & éclairés, à se faire soumettre la façade des maisons de quelque importance pour la rectifier selon la justesse de leurs vües, surtout si l'Edifice étoit élevé sur un Quai, dans une place publique, ou dans quelqu'autre endroit plus ou moins apparent. Cet établissement, qui seroit fort sage, pourroit rendre insensiblement Paris & les Capitales de nos Provinces, les plus belles Villes de l'Univers.

Outre ces vües générales qui doivent suffire à tout homme qui pense, il résulteroit qu'un Grand ou qu'un homme riche qui voudroit faire bâtir, sentiroit d'a-

bord le fort & le foible des projets de ſes
Architectes, qu'il feroit en état de leur
donner le ton & de leur communiquer ſes
idées. En conféquence il feroit logé ſe-
lon ſon goût, qui lui feroit honneur. Bien
différent de tant de Riches qui ſemblent
ne faire bâtir que pour ſe repentir après
coup de leurs folles dépenſes, & pour per-
pétuer l'ignorance ou le mauvais goût de
l'Architecte dont ils ont malheureuſement
fait choix.

On me dira peut-être que la plûpart
des hommes naiſſent avec une ſenſation
capable de leur faire diftinguer l'excellent
du bon, le bon du médiocre, le médiocre du défectueux; je répondrai que le
goût dépourvû de principes ne peut ſervir qu'à égarer, que dans l'Architecture
fur-tout l'eſprit a beſoin d'un guide qui
le mette ſur la voye, qui lui faſſe diftinguer les beautés réelles de icelles qui ne
ſont qu'arbitraires, de maniére qu'il puiſſe dire qu'un Edifice eſt bien ou mal par

jugement, avec connoiſſance de cauſe &
en homme inſtruit de ce qui caractériſe
le beau.

L'étude réfléchie de cet Art ſemble de-
venir d'autant plus eſſentielle que le génie
actuel de notre Architecture paroît ſterile
& trop uniforme. La plûpart de nos Architectes (on ne le dit qu'avec regret) n'i-
maginent pas aſſez grandement. Preſque
tout leur Art ne conſiſte qu'à diſtribuer
avec grace de petits appartemens, & à décorer en menuiſerie une Salle de compa-
gnie ou un Cabinet. Les décorations ex-
térieures des Edifices, ces embelliſſemens
des Villes, ſont négligées ou ſacrifiées le
plus ſouvent au détail des diſtributions, &
ſurchargées d'énormes Agraffes, d'Ecuſ-
ſons de travers, ſans goût & ſans proportion : à force de vouloir donner à l'Architecture un air ingénieux, on lui ôte cet air
de grandeur & de noble ſimplicité, qui fut
toujours ſon principal attribut. Si les gens
du métier faiſoient une étude plus conſtan-

te & plus suivie de l'Architecture Antique, & si la plûpart de ceux qui les occupent avoient plus de connoissances & de lumiéres, les uns & les autres auroient bientôt la satisfaction de voir se perfectionner un Art qui dépérit visiblement, au préjudice de la gloire de la Nation , & de son intérêt.

Quoique le siécle dernier nous ait fourni des modéles en plus d'un genre d'Architecture , il en est cependant plusieurs dont nous n'avons pas encore atteint en France le véritable goût de composition. Nous avons de beaux intérieurs d'Eglises (1) , de magnifiques façades de Palais (2) , des Châteaux , des Hôtels & des Maisons de Plaisance , distribués & décorés d'un bon goût (3) ; des Parcs & Jardins (4) de pro-

(1) Celui du Dôme des Invalides & du Val de Grace ; celui des Chapelles de Fresne & de Versailles.

(2) Le Péristile du Loûvre , la façade de Versailles du côté des Jardins , celle du Château des Thuilleries , &c.

(3) Les Châteaux de Clagni, de Maisons & quelques Hôtels à Paris.

(4) Les Parcs & Jardins de Versailles, de Trianon , de Marly , des Thuilleries , de Sceaux , &c.

preté

preté les plus beaux de l'Univers ; un Arc
(1) de Triomphe fupérieur à ceux que l'Antiquité nous a laiffés pour modéles. Mais
nous n'avons point encore réüffi à la compofition des Portails , des Fontaines , des
Théâtres & des Places publiques.

Il eft étonnant que nos plus habiles Architectes François ayent prefque toujours
affecté d'élever plufieurs Ordres d'Architecture les uns audeffus des autres dans la
décoration de nos Portails. Cette ordonnance qui a paffé comme en ufage depuis
la réputation du Portail de S. Gervais , ne
paroît pas naturelle, elle femble donner au
dehors de nos Églifes l'air d'un édifice or-
dinaire : car les différens ordres extérieurs
ont coutume d'annoncer les différens éta-
ges de l'intérieur d'un bâtiment, ce qu'il eft
ridicule de fuppofer dans une Eglife : outre cela , cette décoration eft tout-à-fait
contraire à tout ce que l'Antiquité nous a
laiffé de modéles en ce genre. Un feul Or-

(1) La Porte Saint Denis.

B

dre coloſſal formant périſtile (1) & cou-
ronné par un Fronton du côté de l'entrée,
eſt la ſeule décoration qui puiſſe donner au
frontiſpice d'un Temple l'air noble & majeſtueux qui lui convient ; c'eſt ainſi qu'é-
toient décorés les plus beaux Temples de la
Gréce & de l'Italie ; c'eſt ainſi que Michel-
Ange & Palladio , les deux plus habiles
Architectes Modernes , ont exécuté les
différens Portails qu'ils ont fait élever à
Rome , à Veniſe & autres lieux.

On pourra m'objecter que la grande élévation des couvertures de nos Egli-
ſes , oblige d'élever ainſi pluſieurs Ordres
d'Architecture pour pouvoir les cacher ; je
répondrai qu'il n'y a qu'à ſupprimer ces
énormes charpentes qui ne ſont qu'un uſa-
ge abuſif , ſans aucune néceſſité. La voûte
(2) plein cintre de la Nef d'une Egliſe cou-

(1) On pourroit ajouter qu'il eſt indécent que nos Egli-
ſes ne ſoient pas toujours précédées d'un Porche où l'on
puiſſe ſe préparer au recueillement convenable avant d'y
entrer ; c'eſt une attention à laquelle les Anciens ne man-
quoient guéres.
(2) Ces ſortes de Voutes faites de pierres dures bien

verte de dalles de pierre à recouvrement, est le seul toît qui convienne au Sanctuaire de la Divinité. Ainsi étoient couverts les Temples anciens.

Il résulteroit de l'emploi d'un Ordre colossal dans nos Portails, qu'en le faisant regner à l'entour de nos Eglises, leur extérieur qui a coutume d'être si fort négligé, seroit décoré naturellement, & cacheroit les arcboutans, qui font toujours à l'œil un effet desagréable, & quoique par la même raison, les croisées de la Nef ne s'apperçussent pas en dehors, l'intérieur de nos Eglises n'en seroit pas moins bien éclairé, comme on peut le remarquer dans celle de S. Pierre de Rome.

Nos Fontaines ne sont point décorées plus heureusement que nos Portails ; les deux seules considérables que nous ayons, ne sont recommandables que par la Sculpture. Leur Architecture séche & mesquine

___

jointoyées avec de la limaille d'acier & de l'urine, font une construction excellente.

n'eft point du tout celle qui convient à une Fontaine, dont la décoration doit être mâle & en rapport avec l'eau, qui doit faire fon principal ornement.

Nos Salles de Spectacles n'ont point d'entrée convenable, font peu commodes, d'une décoration commune & triviale ; peut-être fi le goût pour l'Architecture devenoit dominant, celui de tous les peuples dont les piéces dramatiques approchent le plus de la perfection, auroit un jour des Théâtres dignes de les repréfenter.

A l'égard de nos Places publiques, il eft inutile de répéter les réflexions fâcheufes que les connoiffeurs ont tant de fois faites fur la maniére dont elles font fituées & décorées. Sans doute celle que la Ville de Paris fe propofe d'élever, pour placer la figure équeftre de Louis XV. nous donnera un modéle en ce genre. Les efforts de génie de nos premiers Architectes, & les beaux projets * , entr'autres du célébre

* L'Auteur de ce Difcours connu pour enfeigner l'Ar-

Boffrand, ont fait voir ce que peut le talent aidé du zéle, pour confacrer la mémoire de notre Augufte Monarque.

De l'état actuel de notre Architecture, il s'enfuit, que plus on eft élevé en dignité, plus les études que je recommande deviennent utiles ; ce font les Grands & les perfonnes en place, qui ont entre les mains les occafions fréquentes de faire conftruire. Ils n'ont qu'à vouloir s'inftruire, qu'à protéger & récompenfer, nous ne tarderons pas à voir renaître des chefs-d'œuvres, dignes de l'ancienne Gréce. Car rien n'a plus contribué à maintenir fi long-tems chez elle l'Architecture dans fa perfection, que le goût exquis & la profonde connoiffance qu'avoient les premiers de leurs Républiques. C'étoient eux le plus fouvent qui donnoient les penfées & même les deffeins

chitecture en Ville, fe fait un vrai plaifir de faire voir aux curieux les projets de Places de M. Boffrand qu'il a acquis à fon Inventaire. On le trouve chez lui les après dîner. Il demeure rue des Noyers, la fixiéme Porte Cochére à droite en entrant par la rue Saint Jacques.

B iij

des édifices importans, & comme ils se pro-
posoient la gloire de la patrie & l'immor-
talité de leurs noms pour récompense, ils
n'enfantoient que de grandes choses.

Jamais Souverain n'a plus chéri cet Art,
& ne l'a plus mis en honneur que Louis
XIV; il ne se délassoit jamais plus agréablement de ses nobles travaux, que parmi
les plaisirs innocens que l'Architecture lui
fournissoit; avant que ses Architectes mis-
sent la main à l'œuvre, il examinoit leurs
desseins & les anoblissoit par des idées souvent aussi neuves & aussi sublimes que justes:
ainsi le tems des distractions qui a coutume
d'être un tems perdu, servoit chez ce grand
Prince à cimenter encore plus sa grandeur.
Le Peristile du Louvre, les Invalides, l'Observatoire, la Porte S. Denis & les autres
fameux édifices élevés par les ordres &
presque sous les yeux de ce Monarque, ne
font pas moins d'honneur à sa mémoire,
que les actions les plus éclatantes de son

regne. Ces glorieux monumens feront tout à la fois l'admiration & l'étonnement de nos neveux : heureux, s'écrieront-ils, les peuples témoins de la magnificence d'un Prince qui faisoit confister sa principale grandeur dans celle de ses sujets ! Heureux le siécle qui a pu voir tant de chefs-d'œuvres dans tout leur éclat !

Colbert, Ministre à jamais célébre, tu ne fus pas moins ardent à seconder les vûës de ton Maître, que prompt à les faire exécuter ; tant de beaux édifices érigés par tes soins, seront dans les siécles à venir comme autant de témoins fidéles de ton zéle toujours renaissant pour la grandeur de ta patrie. Tôt ou tard ces bâtimens si superbes feront la proye du tems qui détruit tout ; mais loin que ta mémoire en reçoive jamais aucune atteinte, elle passera d'âge en âge & de bouche en bouche avec tout son éclat jusqu'à la derniére postérité. Puissent tes semblables apprendre de toi

B iiij

qu'honorer les Arts, les faire fleurir & leur procurer un libre accès jusqu'aux pieds du Trône, est la vraye gloire d'un Ministre également dévoué au Prince & à ses Peuples.

INTRODUCTION

A la maniére d'enseigner l'Architecture.

EN VAIN aurois-je fait voir l'impor-tance de l'étude de l'Architecture, si je n'euſſe tâché de la rendre agréable & d'en faciliter promptement la connoiſſan-ce. Le peu d'attention que nos Architectes ont eue juſqu'ici à diſtinguer dans leur ma-niére d'enſeigner la pratique de la théorie de l'Architecture, a fait regarder cet Art par la plûpart des Grands, comme ſi fort dépen-dant de ſon méchaniſme, qu'il n'étoit guére poſſible de s'y former le goût, ſans entrer dans un nombre infini de détails ſecs & re-butans ; auſſi l'on remarque qu'il n'y a eu juſqu'à préſent aucun Maître qui ſe ſoit propoſé d'enſeigner l'Architecture à d'au-tres , qu'à ceux qui ſe deſtinoient à en exercer la profeſſion. Excité par ces ré-flexions & encore plus par les raiſons im-portantes que j'ai détaillées dans le Diſcours précédent, j'ai travaillé depuis quelques années à un plan d'inſtruction auſſi ſimple que court, dont je me ſuis même ſervi avec ſuccès * , pour faciliter l'étude de cet Art aux perſonnes qui pourroient déſirer de s'en inſtruire à titre d'éducation. Mon but étant de former des hommes de goût , j'ai moins ambitionné de diriger leur main que leur jugement , enſorte qu'ils puſſent être en état au bout de quatre mois au plus de décider par eux-mêmes & ſans prendre le change du mérite ou des défauts de toutes ſortes d'édifices. Ceux qui ont quelque connoiſſance de l'Architecture , pourront aiſément ſe convaincre que cet Art , enſeigné de la maniére que je l'expoſe dans le plan qui ſuit, ſera de toutes les études que l'on peut faire , ſoit des autres Arts , ſoit des ſciences , la plus agréable , & celle qui demandera le moins de tems. L'habitude où je ſuis

---

* Pour la commodité des Perſonnes qui le déſirent, l'Auteur de ce Diſcours va enſeigner l'Architecture en Ville tous les matins.

d'enseigner suivant cette méthode, & les études sérieuses que j'ai faites depuis long tems, tant en France qu'en Italie, d'après les plus beaux édifices que j'ai mesurés & dessinés sur les lieux, me font espérer qu'elle sera reçuë favorablement ; & quoique je propose un plan d'instruction, je n'ai garde pour cela de prétendre m'ériger en Maître ; mon dessein est d'être utile, & dussai-je ne l'être qu'à ceux de nos Architectes qui se destinent à enseigner, ce but m'a paru suffisant pour m'exciter à le proposer avec confiance. Trop heureux, si je puis contribuer en quelque chose au progrès & à la perfection d'un Art, qui peut lui-même si fort contribuer à la gloire d'un Etat !

PLAN

*De la maniére d'enseigner l'Architecture
par forme d'éducation.*

CETTE maniére d'enseigner eſt diviſée en trois articles principaux.

Dans le premier on démontrera les proportions générales des cinq Ordres, & des
membres d'Architecture qui ont un rapport néceſſaire avec eux.

Dans le ſecond on expliquera les principes généraux de l'Architecture.

Dans le troiſiéme enfin on procédera à
la maniére d'examiner les Edifices anciens
& modernes.

I.

LORSQU'ON aura défini les termes des
principaux membres de l'Architecture qui
doivent entrer dans la compoſition des Edifices, & qu'on aura enſeigné à tracer géo-
métriquement les moulures qui compoſent les cinq Ordres, Toſcan, Dorique,

Ionique, Corinthien & Compofite, il fau-dra décider quel Auteur on veut fuivre pour leurs proportions. Vignole eft celui dont le fyftême eft adopté le plus généra-lement en France.

Pour trouver la proportion générale des trois parties principales qui compofent un Ordre entier quel qu'il foit, il faudra faire divifer la hauteur totale propofée en 19 parties égales : de maniére qu'en prenant les 3 parties fupérieures pour la hauteur de l'entablement, & les 4 inférieures pour celle du piedeftal, il en reftera 12 pour la hauteur de la colonne : d'où il s'enfuivra que l'entablement fera toujours le quart de la colonne, & le piedeftal le tiers ; ré-gle générale que prefcrit cet Architecte. Comme les différens Ordres ont chacun une différente proportion relativement au plus ou moins de légereté & de richeffe que demande un Edifice, pour la trouver, il faudra divifer les 12 parties deftinées pour la colonne, en 7 parties égales, fi c'eſt un Toſcan qu'on veut élever ; en 8, ſi c'eſt un Ordre Dorique ; en 9, ſi c'eſt un Ionique ; en 10, ſi c'eſt un Corinthien ou un Compoſite. Chacune de ces parties égales donnera le diametre du bas de la colonne de ces différens Ordres. La moitié de ce diametre ſera diviſée également en 12 parties pour les 2 premiers Ordres, & en 18 pour les 3 autres, ce qui formera une échelle générale pour les hauteurs ou ſaillies des diverſes moulures ou membres d'Architecture qui compoſent les Ordres, dont on fera deſſiner avec ſoin les profils qui ſont numérotés dans le Livre de Vignole. On n'oubliera pas d'en faire remarquer les beautés & d'appuyer ſur les raiſons que nos habiles Architectes ont euës depuis, de faire des changemens ſoit dans leurs proportions, ſoit dans le détail de leurs moulures : l'excellent Livre des Paralleles de M. de Chambray, ſera pour cela d'une reſſource tout-à-fait avantageuſe. On aura l'attention de faire obſerver en-

suite ce qui conſtitue la différence des Ordres, à quelle ſorte d'Edifices il convient
de les employer, chacun en particulier.
On s'attachera ſurtout à faire ſentir le rapport de chaque Plan avec ſon élévation,
& la liaiſon intime de l'un avec l'autre.
On paſſera de là aux difficultés qui ſe ren-
contrent dans l'accouplement de l'Ordre
Dorique, & on fera voir les diverſes maniéres dont nos Architectes les ont réſo-
luës, ſoit au Portique de Vincennes, ſoit
au Portail des Minimes, ſoit à celui de S.
Gervais. Enfin on détaillera les proportions relatives que les Ordres doivent avoir
entre eux, lorſqu'on en éleve pluſieurs les
uns au deſſus des autres.

De la conſtruction des Ordres on paſſera aux proportions des parties d'Architecture qui ſont en relation avec eux, je veux
dire des ſoubaſſemens, des attiques, des
baluſtrades, des niches, des portes & des
croiſées ; & afin de faire ſentir l'application de ce qu'on aura enſeigné ci-deſſus,

il fera très à propos de faire deffiner foit un Portail, une Fontaine, une Porte de Ville, &c.

I I.

Il faudra parcourir enfuite les principes généraux qui concernent le bon goût en Architecture; c'eft lui feul qui enfeigne à donner à l'extérieur d'un Edifice, le caractére qui lui convient relativement à fon ufage; qui fait fentir que les Edifices publics doivent fe diftinguer des bâtimens ordinaires par de grands enfembles, des Ordres coloffaux & majeftueux, de maniére qu'ils paroiffent par leurs décorations graves appartenir à l'Etat & non à un Particulier; c'eft lui qui montre les moyens d'éviter la liaifon monftrueufe du pefant avec le délicat, qui fait voir que ce n'eft pas la quantité des ornemens qui augmente la beauté de la décoration, mais l'art de les placer avec choix & difcernement aux endroits où ils conviennent, en

évitant

évitant qu'ils ne coupent ou n'interrom-
pent l'Architecture sous quelque prétexte
que ce puisse être. Enfin c'est lui qui ap-
prend à réünir ensemble le commode, le
solide & le beau, de maniére qu'il en ré-
sulte la perfection d'un Edifice.

Du bon goût des décorations extérieu-
res naîtra nécessairement celui qui doit
régner dans les décorations intérieures &
dans les distributions de nos bâtimens,
dans l'ordonnance & la composition d'un
Parc ou d'un Jardin de propreté, genre
d'Architecture qui a été porté en France
depuis le fameux le Nautre, aussi loin vrai-
semblablement qu'il peut aller.

I I I.

APRÈS avoir expliqué les principales
proportions & les principes généraux de
l'Architecture, il sera bon de faire passer
en revûë * l'histoire de cet Art, & des di-

---

* Si cette histoire de l'Architecture avoit été placée au
commencement de cette maniére d'enseigner, elle n'y auroit été que de pure parade ; au lieu qu'en cet endroit elle

C

verfes révolutions qu'il a éprouvées depuis
fon origine jufques à nos jours ; il faudra
furtout infifter fur le caractére de celle des
Grecs & des Romains, & fur leur maniére
de décorer les Edifices.

Voltaire.
Temple
du goût.

» Simple en étoit la noble Architecture ;
» Chaque ornement, en fa place arrêté,
» Y fembloit mis par la néceffité.
» L'Art s'y cachoit fous l'air de la Nature.
» L'œil fatisfait embraffoit fa ftructure,
» Jamais furpris & toujours enchanté.

On mettra fous les yeux les deffeins des
plus beaux Edifices de la Gréce & de l'Italie qui fubfiftent encore en entier ou en
partie ; & à leur défaut les Edifices anti-
ques de Degodets, les ruines de Palmire,
l'Architecture hiftorique de Wifcher, le
Vitruve de Perrault, les magnifiques com-
pofitions du célébre Piranefe. Rien n'eft
plus propre à donner une grande idée de la
haute maniére de l'Architecture antique,

fert d'inftruction, & c'eft ce dernier objet que nous avons
principalement en vûe.

& à former ce difcernement sûr, qui fait re-
connoître & faifir d'abord le beau fous
quelque forme qu'il fe préfente, furtout
lorfqu'un Maître habile fert d'interprête à
ces bâtimens, & n'en laiffe paffer aucun
fans en motiver les perfections & même
les défauts qui peuvent quelquefois s'y
rencontrer.

A cette noble Architecture on oppofera
la Gothique, dont on fera fentir le ridicule & le grotefque des proportions. Enfin
l'Architecture du fiécle de Louis XIV
paffera en revûë : on conduira l'éléve fuc-
ceffivement dans les principaux Edifices
élevés fous le régne de ce grand Monarque, & dont plufieurs font dignes des
beaux jours de la Gréce & de Rome : là
on lui fera remarquer l'application des pré-
ceptes dont on lui a démontré l'évidence
dans le Cabinet. Les Invalides, le Val-
de-Grace, les Quatre Nations, le Perifti-
le du Louvre, le Luxembourg, les Châteaux & Jardins des Thuilleries, de Ver-

·sailles , de Clagni , de Maisons , la Porte de S; Dénis , l'Observatoire & nombre d'autres monumens dont Paris & ses environs sont décorés , passeront tour à tour sous ses yeux pour l'instruire & être appréciés selon leur mérite : voici à peu près l'ordre que l'on peut suivre dans l'examen de chacun d'eux.

Il faut considérer d'abord si la destination d'un Edifice s'annonce par l'ordonnance d'Architecture qui lui est appliquée de maniére qu'on ne puisse pas s'y méprendre, & qu'un Portail d'Eglise n'ait pas l'air d'un Arc de Triomphe, ou un Palais d'une Orangerie, &c. Après le caractére de convenance d'un Edifice , on passera à l'examen de la proportion du tout ensemble , de celle du tout par rapport à ses parties , des avant-corps avec les arriére - corps : ensuite on remarquera si l'Architecte s'est permis quelque licence ou changement dans l'emploi de l'ordre ou des ordres qui décorent l'Edifice dont il s'agit ; enfin on exa-

minera la proportion des entre-colone-
mens, celle des portes, des niches, des
croisées, & furtout l'art avec lequel les
profils font exprimés : car c'eft ce qui ca-
ractérife les grands Maîtres, & en quoi les
Anciens ont particuliérement excellé.

Si l'Edifice que l'on examine eft fufcep-
tible de diftribution, tel qu'un Palais ou
un Hôtel, il faut remarquer fi chaque ap-
partement eft compofé du nombre de piéces qui conviennent au caractére & à la
dignité du maître qui l'occupe : fi chaque
piéce eft fituée felon fon ufage, fi elle a
une forme & une proportion relatives à fa
deftination, fi les enfilades font bien per-
cées, fi l'efcalier eft avantageufement pla-
cé, & les dégagemens ménagés avec art.

Par rapport aux décorations intérieures
des appartemens, il faut obferver s'ils font
élevés & éclairés à proportion de leur grandeur & de leur hauteur ; s'ils font décorés
avec fymmétrie & ornés relativement au
plus ou moins d'affinité qu'ils ont avec le

C iij

maître ; fi les proportions des portes , des croifées & des glaces font en rapport les unes aux autres : enfin fi les ornemens font placés avec goût & variété , fans confufion , & féparés par des parties lices qui les faffent valoir.

Au contraire dans l'examen d'un Parc ou d'un Jardin de propreté , il faut confidérer fi l'Architecte a corrigé avantageufement les irrégularités qui ont pû fe trouver dans le terrein ; fi les enfilades forment des points de vuës diverfifiés , intéreffans & auffi étendus qu'ils pouvoient l'être ; fi la diftribution des Jets & des Fontaines eft agréablement multipliée ; fi les Parterres, les Boulingrins, les Bofquets, les Paliffades ont de la grace dans leur forme & du vraifemblable dans leur compofition ; enfin fi l'art fert à parer les productions de la nature fans lui ôter cet air champêtre , qui fait tout l'agrément des vrais Jardins.

Enfin quand on rencontrera deux Edifices de même genre & élevés pour le même but, comme deux Palais ou deux Eglises, il fera très-utile de les comparer enfemble & de motiver les raifons de fupériorité de l'un fur l'autre. Rien n'eft plus capable d'inftruire & de former le goût : car la comparaifon eft comme une voye lumineufe qui conduit fûrement à l'inftruction.

Toutes ces leçons fur les lieux mêmes feront extrêmement utiles, furtout fi l'on eft conduit par un Maître qui, non content de faire appercevoir * les défauts d'un

* Il feroit peut-être à fouhaiter que M. Jacques-François Blondel eût joint aux Obfervations critiquescontenues dans les deux premiers Volumes de l'Architecture Françoife, des Réflexions fur les enfembles de nos Edifices, & fur ce qu'il y auroit à gagner ou à perdre fi on eût fubftitué toute autre proportion générale, décoration ou diftribution à la plûpart de celles qui foat exécutées ; qu'il eût fait des comparaifons entre les Edifices de même genre & élevés pour le même but ; enfin qu'il eût mis quelquefois en paralléle nos différentes maniéres de décorer & celles des Anciens. Ces differtations euffent pû être propres à diriger le goût & à donner du poids aux critiques qu'il fait de chaque Bâtiment. Au refte je fuis bien éloigné de vouloir déprifer ce Livre, qui d'ailleurs renferme les plus beaux Edifices de la France, ce qui lui méritera toujours (les critiques à part) l'eftime du Public & l'attention des Connoiffeurs.

C iiij

Edifice, eſt encore aſſez habile pour entrer dans l'idée du compoſiteur, & pour ſubſtituer à la place d'une décoration ou diſtribution qu'il déſaprouve, une compoſition ou une penſée générale plus heureuſe. Ce contraſte entre ces défauts & ces perfections fera toujours un moyen ſûr pour éclairer ſupérieurement l'éléve, & pour lui donner un diſcernement juſte & parfait, qui eſt le but principal que l'on ſe propoſe. J'avoue que j'exige peut-être dans celui qui enſeigne des talens, qui ne ſont donnés qu'à un petit nombre ; mais les Grands n'ont qu'à vouloir s'inſtruire ; l'envie de leur plaire & l'eſpoir des récompenſes leur procureront bientôt des hommes dignes de les éclairer.

Fin du Diſcours.

ABREGÉ

De la Vie de Monsieur BOFFRAND.

GERMAIN BOFFRAND, fils d'un Sculpteur, & d'une sœur du célébre Quinault, nâquit à Nantes en Bretagne le 7 Mai 1667. Il avoit à peine 14 ans lorsque son Oncle le fit venir à Paris, & lui fit apprendre à dessiner. Il le fit ensuite placer dans les bâtimens du Roi, où il a exercé divers emplois avec distinction. Ce fut lui qui fit exécuter en 1699, sur les desseins du fameux Hardouin Mansard, dont il avoit été l'Eléve, la premiére Place de Vendôme qui étoit d'un tiers plus grande que celle que l'on voit aujourd'hui, & qui fut démolie après avoir été élevée jusqu'à la hauteur du premier étage.

Reçu membre de l'Académie Royale d'Architecture en 1709, il fut Architecte de plusieurs Souverains d'Allemagne, de l'Evêque de Wurtzbourg, Prince de Franconie, de Maximilien - Emanuel, Electeur de Baviére, & de Léopold I, Duc de Lorraine. Il fit conſtruire pour eux nombre d'Edifices conſidérables que l'on voit détaillés dans ſon excellent Livre d'Architecture dont nous parlerons.

Après la mort de M. de l'Epine en 1728, il fut Architecte de l'Hôpital général de Paris, pour lequel il conſacra gratuitement la moitié de ſon tems juſqu'à ſa mort, ſoit pour l'entretien des bâtimens qui dépendent de cette maiſon, ſoit pour la compoſition & conſtruction des nouveaux.

Indépendamment des bâtimens civils, il a fait conſtruire pour les Ponts & Chauſſées dont il étoit Ingénieur & Inſpecteur général, nombre de Canaux, d'Ecluſes, de Ponts de pierre & de bois, & toute ſorte d'ouvrages de méchaniques qu'il ſeroit trop long de détailler : il ſuffit de dire pour caractériſer ſa maniére de bâtir, qu'elle approche beaucoup de celle de Palladio, & qu'aucun de nos Architectes François n'a fçu raſſembler plus de nobleſſe & de grandeur dans ſes productions.

Il eſt Auteur de deux ouvrages très-eſtimés : le premier eſt un Livre * d'Architecture dédié au Roi , contenant les principes généraux de cet Art , & auxquels il a joint les plans, profils & élévations de la plûpart des principaux bâtimens civils, hydrauliques & méchaniques qu'il a fait exécuter en France & dans les pays étrangers ; tels que le Château de Bouchefort dans les Pays-Bas ; les Palais de Nanci , de Luneville , de la Malgrange en Lorraine , de Wurtzbourg en Franconie , des Châteaux de Cramayel & d'Haroüé en Brie ; les Hôtels de Craon , de Montmorency, d'Argenſon , les décorations intérieures de l'Hôtel de Soubize à Paris , les portes du petit Luxembourg & de l'Hôtel de Vil

---

* La derniére Edition des Œuvres d'Architecture de M. Boffrand , ſe vend à Paris chez l'Auteur , rue de Noyers , la ſixiéme Porte Cochére à droite en entrant par la rue Saint Jacques.

lards, le Portail de la Mercy, le Puits de Bicêtre, les Ponts de Sens & de Montreau ; si l'on ajoûte à ces bâtimens les Hôtels de Seignelay, de Torci, de Duras, le Château de Bossette proche Melun, le Pont de Corbeil, la Porte du Cloître de Notre-Dame, les nouveaux bâtimens pour les maladies vénériennes du Château de Bicêtre, ceux qu'il a fait construire à l'Hôpital général, à la Salpêtriére, à Cipion, le grand bâtiment des Enfans trouvés, rue neuve Notre-Dame, & quantité d'autres de moindre importance, on sera aisément convaincu qu'il y a peu d'Architectes François qui ayent fait construire autant que lui.

Le second est un Livre intitulé, *Description de ce qui a été pratiqué pour fondre d'un seul jet la figure équestre de* LOUIS XIV, élevée par la Ville de Paris en l'année 1699, avec nombre de planches en taille-douce. Cet ouvrage unique sur cette matiére & universellement estimé, sera un jour très-rare & très-recher-

ché des curieux ; vû que pour le rendre
plus précieux, les planches qui le compofent en ont été rompues après un certain
nombre d'exemplaires tirés. M. Boffrand
fit préfent de ce dernier ouvrage à tous les
Souverains de l'Europe. Le Roi de Portu-
gal entr'autres, pour marque de l'eftime
qu'il faifoit de fon Auteur, lui envoya fon
portrait dans une boëte d'or.

Lorfque feu M. le Normant de Tourne-
hem en 1747, invita de la part du Roi
Meffieurs les Architectes de l'Académie à
compofer des projets, pour placer la figure
équeftre de Sa Majefté, M. Boffrand en
compofa cinq extrêmement détaillés, &
qui font tous autant de chefs-d'œuvres,
foit par la difpofition heureufe, foit par
la décoration. Sa Majefté en fut très-fa-
tisfaite, & furtout de fon projet pour le
Pont-tournant, dont Monfieur de Van-
dieres, Directeur actuel des bâtimens du
Roi, pria M. Boffrand de lui donner une
copie, afin d'en orner fon Cabinet.

Malgré le grand nombre d'Edifices que ce célébre Architecte a fait exécuter, il n'eſt cependant pas mort riche : différens malheurs qui lui arriverent du tems du ſyſtême, & les rembourſemens qui lui furent faits de pluſieurs acquiſitions conſidérables en Billets de Banque, ruinerent ſa fortune au point qu'il ne put jamais s'en relever. Il eut quatre enfans : ſçavoir, deux garçons & deux filles. L'aîné qui étoit Architecte, eſt mort en 1732. Le cadet, ancien Ingénieur des Ponts & Chauſſées à Soiſſons, eſt mort il y a 7 ou 8 ans. Des deux filles, il y en a une actuellement vivante, & mariée à M. Baron, Adminiſtrateur de l'Hôpital général.

Perſonne ne s'eſt mieux caractériſé par ſes ouvrages que M. Boffrand, il avoit une maniére de penſer également grande & déſintéreſſée. Ses vûës étoient toujours nobles, & telles qu'il convient à tout vrai citoien de les avoir. Il étoit agréable dans la converſation, d'un caractére doux & facile, d'un commerce aimable & d'un enjouement qu'il a conservé jusqu'à une extrême vieillesse. Il eut une attaque d'apoplexie cinq ans avant sa mort, qui arriva le 18 Mars 1754, dans la 87e. année de son âge.

Il étoit Doyen de l'Académie Royale d'Architecture, Pensionnaire des bâtimens du Roi, premier Ingénieur & Inspecteur général des Ponts & Chaussées du Royaume, Architecte & Administrateur de l'Hôpital général. Ce grand homme méritera toujours de tenir un rang distingué parmi les Artistes qui font honneur à la France.

F I N.